LA LIBERTÉ RELIGIEUSE

A

MADAGASCAR

RAPPORT

DE LA SOCIÉTÉ DES MISSIONS ÉVANGÉLIQUES DE PARIS SUR LA MISSION
ACCOMPLIE A MADAGASCAR EN 1896
PAR MM. H. LAUGA, PASTEUR, ET F. H. KRUGER, PROFESSEUR

PARIS
MAISON DES MISSIONS ÉVANGÉLIQUES
102, BOULEVARD ARAGO, 102

1897

LA LIBERTÉ RELIGIEUSE

A

MADAGASCAR

~~~~~~~~~~

RAPPORT

DE LA SOCIÉTÉ DES MISSIONS ÉVANGÉLIQUES DE PARIS SUR LA MISSION
ACCOMPLIE A MADAGASCAR EN 1896
PAR MM. H. LAUGA, PASTEUR, ET F. H. KRUGER, PROFESSEUR

~~~~~~~~~~

PARIS

MAISON DES MISSIONS ÉVANGÉLIQUES

102, BOULEVARD ARAGO, 102

—

1897

LA LIBERTÉ RELIGIEUSE

A

MADAGASCAR

C'est par le protestantisme que Madagascar a reçu les premiers élé- *Madagascar et le protestantisme.*
ments de la religion et de la civilisation chrétiennes. Depuis le commen-
cement de ce siècle, en effet, quatre Sociétés de missions protestantes se
sont consacrées à l'évangélisation de la grande île africaine; ce sont : la
Société des Missions de Londres, depuis 1818; la *Société de la propagation
de l'Évangile*, depuis 1864; la *Société des Missions norvégiennes* et l'*Association missionnaire des Amis ou Quakers*, depuis 1869. Les résultats
de cette activité sont considérables; ils se chiffrent par un grand
nombre d'établissements d'éducation supérieure, des hôpitaux, des
imprimeries, des écoles primaires innombrables. D'après les rapports
parus en 1896, le chiffre des élèves groupés par la mission protestante
s'élève à 126,095; celui des Malgaches adhérents au culte protestant
est de près de 400,000.

Quant à la mission catholique — abstraction faite d'une tentative *La mission catho-*
due à saint Vincent de Paul au cours du dix-septième siècle, et aban- *lique.*
donnée au bout de peu de temps, — elle ne date que de 1861, époque
où le P. Jouen, de la Compagnie de Jésus, monta à Tananarive.
D'après les chiffres fournis, le 30 septembre 1894, par le chef actuel de

cette mission, Mgr Cazet, elle a groupé dans ses écoles et dans ses églises 26,739 élèves et 136,175 adhérents (1).

Il suffit de comparer ces divers chiffres pour voir que par l'établissement du régime français à Madagascar, à la fin de 1895, une question se posait, devant les Églises protestantes de France : celle de leurs devoirs envers leurs coreligionnaires malgaches, devenus désormais leurs concitoyens. Ces devoirs, dont ils se préoccupaient depuis longtemps, le moment était venu de les accomplir.

C'est pour se rendre compte de la nature et de l'étendue de cette tâche nouvelle et pour étudier dans leur ensemble les questions religieuses et scolaires qui se posent à Madagascar, que la Société des missions de Paris (2) a fait partir, dès les premiers jours de 1896, deux délégués, M. H. Lauga, pasteur de l'Église réformée de Reims, et M. F.-H. Krüger, professeur à la Maison des missions de Paris. Ils sont de retour depuis peu, après avoir consacré près d'une année à une enquête approfondie.

Nous livrons aujourd'hui au public les conclusions sommaires de cette enquête. Elles ne concernent pas seulement les Églises protestantes; elles se trouvent intéresser aussi la liberté religieuse, actuellement menacée à Madagascar par des menées que nous devons signaler à l'attention générale.

Il est d'autant plus nécessaire de le faire que le devoir d'assurer à toutes les Églises et à toutes les missions chrétiennes de Madagascar, sans distinction de confession, la sécurité et la liberté dont elles jouissent dans le monde entier, s'est, de tout temps, imposé aux gouvernements. Le traité du 17 décembre 1885, dit traité Patrimonio, confirme expressément, dans son art. 7, les garanties stipulées par celui du 7 août 1868, en faveur de la liberté de conscience et de la tolérance religieuse (3).

Il n'y a donc aucun doute possible sur les stipulations des traités au

---

(1) Voir, à la page 15, l'*Annexe* n° 1 : Statistique des missions chrétiennes à Madagascar.

(2) Voir, à la page 17, l'*Annexe* n° 2, sur la Société des Missions de Paris et Madagascar avant 1895.

(3) *Livre Jaune*. Affaires de Madagascar, 1885-1895, p. 3.

sujet de la liberté religieuse, de la tolérance et même de la protection dont doivent jouir les missionnaires et les Églises chrétiennes de Madagascar, sans distinction de confession ni d'origine; les unes et les autres sont garanties, aussi bien par les traités conclus entre la France et le gouvernement indigène de Madagascar que par les stipulations internationales (1). Il suffirait, d'ailleurs, que ces droits leur fussent assurés par le principe de la liberté religieuse, inscrit dans la constitution de notre pays et dans le cœur de tout Français, pour que toute tentative d'y porter atteinte méritât une sévère condamnation.

Les instructions remises aux hauts fonctionnaires appelés successivement à représenter la France à Madagascar et les déclarations de ces fonctionnaires eux-mêmes, ne laissent, d'ailleurs, aucun doute sur les intentions profondément libérales et bienveillantes du gouvernement à l'égard des Missions et des Églises, sans distinction de confession.

Les déclarations de la France.

Il existe, néanmoins, un parti qui n'a jamais caché son désir d'exploiter à son profit les résultats d'une expédition qui a coûté à la France tant d'or et tant de vies. Les mandements de quelques évêques, parus en 1895, représentaient la guerre de Madagascar comme une sorte de croisade en faveur du catholicisme, et saluaient en elle, comme s'exprime l'évêque de Saint-Brieuc, le retour à une « politique inspirée par la religion ».

Les événements, on le verra, se sont chargés de justifier les inquiétudes que ces déclarations ont éveillées dès l'abord en plus d'un esprit. Profitant des circonstances, les Jésuites ont entrepris de faire entrer dans le giron de l'Église romaine les populations protestantes malgaches; ils emploient, pour y parvenir, les moyens les plus coupables, expo-

Les menées des Jésuites.

---

(1) Dans l'échange de déclarations intervenues entre le Gouvernement de la République Française ét le Gouvernement de Sa Majesté Britannique, au sujet des territoires d'Afrique, on trouve, sous la signature de M. Waddington et de lord Salisbury, ces déclarations formelles : « *Dans l'île de Madagascar, les missionnaires des deux pays jouiront d'une complète protection. La tolérance religieuse, la liberté pour tous les cultes et pour l'enseignement religieux sont garanties.* » Il faut remarquer que les mêmes déclarations sont faites, dans la première partie du document, au sujet des missionnaires établis dans les îles de Zanzibar et de Pembà, qui passent sous le protectorat de l'Angleterre. Il y a donc réciprocité dans le traitement bienveillant et libéral garanti par les deux pays, dans leurs colonies respectives, à tous les missionnaires, sans distinction de nationalité. Voir le *Livre Jaune* cité plus haut, p. 8.

sant ainsi le régime français au reproche de manquer à sa parole, et courant le risque de semer dans les esprits l'inquiétude, la désaffection et peut-être les germes de la guerre religieuse (1).

En faisant connaître, sur ce point comme sur les autres, les observations de ses deux délégués, la Société des Missions n'obéit à aucune inspiration sectaire, à aucun instinct de vulgaire concurrence; à Madagascar et ailleurs, elle ne réclame pour elle, comme pour les Missions et les Églises protestantes en général, que le droit commun. En parlant, elle obéit simplement à un devoir, celui de mettre le Parlement et le public au courant de ce que lui ont appris, sur une question où l'honneur et l'intérêt de la France sont également engagés, les dépositions de deux témoins oculaires dont la compétence et le caractère lui inspirent toute confiance.

Le voyage des délégués de la Société des Missions.

Partis le 10 janvier 1896 de Marseille, les deux délégués sont arrivés à Tananarive le 14 février et y ont séjourné ensemble jusqu'au 27 juin. A cette époque, M. Krüger est reparti pour la France, où les devoirs de sa charge l'obligeaient à se trouver au commencement d'octobre. M. Lauga a pu prolonger son séjour jusqu'au mois de novembre; il n'est arrivé à Paris que le 9 décembre.

Ce long séjour a permis une étude approfondie de la situation religieuse soit dans l'Émyrne, soit dans le Betsiléo, que M. Lauga a pu visiter pendant les mois d'août et de septembre.

Son témoignage et celui de son collègue portent tout d'abord sur la grandeur de l'œuvre accomplie par les missionnaires, et sur son importance au point de vue social.

Importance de l'œuvre accomplie par les missions au point de vue social.

En montant de Tamatave à Tananarive, le voyageur est frappé par la différence physique et climatologique entre la zone côtière et le plateau central. Cette différence est l'image affaiblie d'un autre contraste, celui de la barbarie qui règne parmi les populations de la zone inférieure, populations sans cohésion, sans organisation, n'offrant aucun point d'appui à une action sociale, et du degré de civilisation relative où sont parvenues les populations du plateau, surtout de l'Émyrne.

---

(1) Voir l'*Annexe* nº 4, page 26.

Cette civilisation frappe le regard du voyageur le moins observateur. Le gourbi, la paillotte, la case de bambou où l'on gîte en traversant la zone côtière, sont remplacés sur le plateau par des maisons en pisé ou en briques, avec un et même deux étages. La population est relativement très dense et convenablement vêtue; la division du travail a fait naître le métier. On a jeté les bases, si défectueuses soient-elles, d'une organisation sociale et administrative, avec des organes responsables, une certaine bureaucratie même, le tout gravitant autour du pouvoir central. L'instruction publique est obligatoire, en théorie, du moins.

Que cette civilisation se ressente de son origine récente et de sa croissance hâtive, qu'elle ait quelque chose de déplaisant, de superficiel, qu'elle recouvre beaucoup de laideurs, cela est incontestable. Mais si élémentaire soit-elle, elle est un fait.

Or, le caractère le plus net de cette civilisation, c'est qu'elle est intimement unie à la religion. Le christianisme l'a puissamment déterminée. A tel point que le *fahavalisme* actuel, qui est une réaction anti-européenne, et dont le missionnaire W. Johnson et sa famille ont été les premières victimes, se donne lui-même comme réaction païenne (1).

Et il faut l'ajouter immédiatement : c'est le christianisme sous la forme protestante qui a été de beaucoup le facteur le plus important de cette civilisation. Apporté aux Hovas par les missionnaires de la Société de Londres, dès 1820, il a pris racine dans les cœurs et a résisté à l'épreuve de vingt-cinq années de persécutions (2). Après avoir été proscrit, il a fini par triompher; en 1869, la reine Ranavalo II l'a publiquement embrassé, entraînant par son exemple sa famille et la plus grande partie de la nation.

L'importance numérique du protestantisme est si grande, qu'elle apparaît d'emblée aux yeux des spectateurs. Dans chacun des innombrables villages ou hameaux qui émaillent l'Émyrne, on distingue sinon

---

(1) Vers le mois de novembre, sur un total d'environ 600 édifices religieux détruits, 116 relevaient de la mission catholique, les autres de la mission protestante. La proportion est conforme à la force numérique relative des deux confessions.

(2) Voir, dans le *Correspondant*, année 1895, page 818, l'histoire très bien faite de ces persécutions; cette histoire répond à ceux qui voudraient invoquer le prétendu nihilisme religieux des Malgaches pour contester leurs droits.

un clocher, du moins le grand bâtiment qui sert d'église. Le profil de Tananarive présente, de même, de nombreux clochers en tours carrées ou en pyramides élevées.

Il faudrait, pour donner une idée exacte de la mission protestante et de son importance comme agent social et comme facteur des destinées de Madagascar, donner des indications précises sur le nombre et l'étendue des établissements dirigés par elle (1). Nous rappellerons seulement que, en dehors des Églises et des écoles primaires, dont elles ont couvert le pays, les missions protestantes ont créé à Tananarive même une série de grands établissements scolaires, philanthropiques ou autres : notamment un collège théologique ; des écoles normales, des écoles supérieures pour jeunes gens et jeunes filles ; des imprimeries ; une école spéciale pour l'aristocratie, dite École du Palais ; une École de médecine ; enfin des hôpitaux missionnaires, dont le principal, situé à Isoavinandriana, a été élevé au moyen de souscriptions privées, s'élevant à 150,000 francs, et a imposé aux deux Sociétés dont il dépend une dépense annuelle d'environ 40,000 francs (2).

Les travaux de la mission protestante dans le *Betsiléo* ne sont pas moins importants que ceux de l'Émyrne. Ils en diffèrent par ce fait qu'ici le fond de la population est resté païen, et que les Églises se sont recrutées jusqu'à ce jour par voie de conversions individuelles. L'œuvre d'éducation religieuse et morale n'en a été que plus solide. Cette œuvre a été accomplie en partie par les missionnaires norvégiens, en partie par ceux de la Société de Londres.

M. Lauga rend le plus bel hommage à ces deux missions, qu'il a étudiées en détail. Il mentionne en particulier Antsirabé, mémorable par le siège qu'y ont soutenu quelques miliciens malgaches commandés par l'officier interprète et trois sous-officiers ; la station de Fianarantsoa, capitale du Betsiléo et centre de l'œuvre norvégienne, siège d'Écoles normales supérieures et d'un séminaire théologique ; et la station anglaise d'Ambohimandroso. Il a été partout amicalement accueilli, et partout, aussi bien dans le Vakinankaratra que dans le Betsiléo proprement

____

(1) Voir la statistique générale des missions à Madagascar, pages 15 et 16.
(2) Voir aux *Annexes*, page 29, les faits récents concernant cet hôpital.

dit, le Français a été acclamé en lui à l'égal du pasteur et du protestant. Il a visité les Églises, inspecté les écoles, fait la connaissance personnelle des missionnaires. Ici, comme dans l'Émyrne, les stations sont des foyers d'où rayonne la vie supérieure religieuse, intellectuelle, philanthropique. Ici, comme sur tout le plateau, les missions sont la plus grande force morale à l'œuvre pour le bien du pays.

Mais cette force, au profit de qui s'exerce-t-elle? Est-il vrai qu'elle constitue pour l'influence française un obstacle? Les délégués de la Société des Missions opposent à cette affirmation leur témoignage formel. Ils ont fait la connaissance de tous les missionnaires protestants. Ils ont compulsé leurs archives. Ils ont étudié leur attitude depuis le jour de l'occupation française; et la conclusion de cette enquête, c'est que les missionnaires protestants étrangers ne poursuivent qu'un but religieux, la propagation de l'Évangile et le bien moral des populations. *[Attitude absolument correcte des missionnaires.]*

Les faits viennent à l'appui de cette assertion. Depuis le jour de l'entrée des troupes françaises à Tananarive, les membres des Églises protestantes ont donné à notre administration toutes les preuves possibles de leur bonne volonté. Avant même que la capitale fût occupée, les missionnaires, devançant l'invitation du général Duchesne, avaient prêché à la population le calme et la soumission. Dans la période troublée de l'insurrection, l'état-major leur dut fréquemment de précieux renseignements sur les mouvements des rebelles. Enfin et surtout, les missionnaires ont fait un très grand effort (déjà commencé avant la guerre) pour introduire le français dans leurs écoles (1), effort auquel nos délégués ont coopéré de toutes leurs forces, en donnant des leçons de français dans les établissements scolaires de Tananarive. *[Ils ont donné un concours loyal et utile à l'action française.]*

Ces efforts n'ont pas échappé à l'administration supérieure, qui, à plusieurs reprises, les a hautement appréciés. Le général Duchesne a remercié les missionnaires du concours qu'ils lui ont apporté. M. Laroche *[Ces efforts ont été reconnus par les autorités.]*

---

(1) Voir l'*Annexe* n° 3, page 19, sur les missions anglaises et norvégiennes et le régime français. Contrairement à l'opinion reçue, l'anglais n'a jamais été enseigné dans les écoles primaires de la mission, où toutes les leçons se donnaient en malgache.

a fait appel à leur bonne volonté, en même temps qu'à celle de tous les hommes intéressés au bien de l'île et à la prospérité de notre nouvelle colonie. Le général Galliéni a expressément constaté la correction de leur attitude, et déclaré sa ferme intention de maintenir la liberté et la sécurité garanties par ses prédécesseurs.

Et cependant, dès leur arrivée, les délégués de la Société des Missions de Paris ont pu constater parmi les populations protestantes un état d'inquiétude et de malaise qu'ils se sont efforcé de dissiper, sans y parvenir toujours. Dans leurs courses à travers l'Émyrne, comme dans le Betsiléo, ils ont trouvé les congrégations en proie à la plus vive anxiété et pénétrées de l'idée que leur foi religieuse attirerait sur elles le déplaisir et peut-être les châtiments de la France.

Ces craintes ne se seraient jamais produites si les populations hova ou betsiléo n'avaient eu affaire qu'aux représentants officiels de la France, préoccupés les uns et les autres, comme nous l'avons dit, de répéter à nos nouveaux compatriotes que, sous notre drapeau, chacun est libre d'adorer Dieu comme il lui plaît.

Mais cette liberté ne fait pas le compte de l'ordre religieux qui tient à Madagascar le drapeau du catholicisme, qui voudrait identifier celui-ci au drapeau de la France et qui a vu dans la conquête un moyen prompt et sûr de décupler les succès de sa propagande.

Voilà trente ans que les Jésuites exploitent à Madagascar une équivoque dont ils ont fabriqué la formule que voici : « Qui dit Français dit catholique ; qui dit protestant dit Anglais. » A force de répéter la formule, patiemment, avec persévérance, on en a fait un axiome ; en France, on l'imprime comme un fait. Il y a longtemps que cela a fait le tour des *Croix ;* l'*Univers* le redisait encore l'autre jour (1); le dernier numéro des *Missions catholiques* appuie sur ce fait imaginaire les conseils politiques que l'on veut bien donner à la France (2).

---

(1) Voir le numéro du 21 décembre 1896.

(2) Les *Missions catholiques* (Lyon), 1897, 'p. 3 :« Ce qui se passe aujourd'hui à Madagascar est loin de nous décourager... Nous en avons l'espoir, la France semble avoir compris enfin que, catholiques et Français, c'est tout un à Madagascar. » Mgr Cazet est plus explicite : « On a beau faire, écrit-il à la même revue (1896, p. 379),

L'unique parcelle de vérité qui soutient cette double erreur, c'est que le christianisme protestant a été propagé à Madagascar par des missionnaires étrangers et en majorité anglais. La vie religieuse et tout ce qu'il y a de civilisation chrétienne dans l'Émyrne est dû à leurs travaux. Mais, en dehors de ce fait historique, l'identité établie entre les termes de protestant et d'Anglais ne soutient pas l'examen.

Et n'est-ce pas une autre méprise que d'identifier les termes de Français et de catholique? Notre pays n'a pas conquis, au prix de quels sacrifices, on le sait, la liberté de conscience depuis plus de cent ans, pour qu'il soit permis à personne de contredire ouvertement sa parole et d'accuser, avec menaces, de n'être pas Français ceux qui ne se soumettent pas à Rome.

Tenir ce langage aux populations protestantes malgaches qui forment la grande majorité des habitants du plateau, les troubler dans le libre exercice de leur culte, les inquiéter dans leurs consciences, les mettre dans la nécessité d'opter entre leur foi et leur nouvelle patrie, c'est faire une œuvre anti-patriotique au premier chef.

Pendant les premiers mois de l'occupation, il est vrai, et jusqu'en septembre, grâce à la fermeté et à la stricte impartialité de l'administration supérieure, grâce aussi aux tournées de nos délégués, dans lesquelles il s'étaient appliqués à faire disparaître l'équivoque habilement créée par les Jésuites, et qui tend à faire de protestant le synonyme d'ennemi de la France, les choses semblaient devoir prendre une tournure favorable pour le plus grand bien de notre nouvelle conquête. Les premiers temps de l'occupation.

Avec l'établissement du régime militaire, la face des choses a changé, et cela, malgré les intentions libérales bien arrêtées du nouveau Résident, le général Galliéni. Dès son arrivée, il a sans hésitations repris à son compte les proclamations de ses prédécesseurs sur la liberté religieuse; il les a même accentuées, ou tout au moins dé- Le régime militaire.

---

on ne changera pas l'idée reçue, ancrée dans Madagascar : « Qui dit catholique dit « Français ; qui dit protestant dit Anglais. » Voir encore à la p. 339 du même journal.

veloppées, notamment dans son arrêté sur l'enseignement du français dans les écoles. Bien plus, toutes les fois que des abus ont été signalés par nous, il les a condamnés avec autant de fermeté que de courtoisie et en a ordonné réparation dans la mesure du possible.

Les menées des Jésuites.

Mais, en dépit de lui, et souvent à son insu, les Jésuites, s'abritant derrière l'autorité militaire, et exploitant le régime de répression sommaire nécessité par les circonstances, ont donné libre carrière à leur esprit de domination. Ils ont entrepris de tous côtés contre tout ce qui porte le nom de protestants une guerre acharnée qu'ils dissimulent sous le voile menteur du patriotisme. Ressuscitant l'équivoque dont on a parlé plus haut, ils accusent les protestants, même ceux qui ont donné les gages les plus formels de leur adhésion à la France, même ceux du Vakinankaratra, où jamais missionnaire anglais n'a mis les pieds, d'être, par le seul fait qu'ils sont protestants, des Anglais, c'est-à-dire des ennemis de la France, des rebelles! Profitant de l'ignorance bien naturelle des chefs de poste, presque tous nouveaux dans le pays, ils se couvrent de leur autorité pour intimider les populations déjà terrorisées et les obliger à se rallier au catholicisme.

Il y a là un plan évidemment combiné dès longtemps et dont on poursuit partout l'exécution, jusque dans le paisible Betsiléo, avec un acharnement systématique et une absence complète de scrupules. Abus de pouvoir, procédés d'intimidation, menaces et violences, accusations calomnieuses entraînant souvent l'incarcération arbitraire de ceux dont l'influence leur porte ombrage, accaparements d'Églises, tels sont les moyens qu'on ne craint pas d'employer, au risque de compromettre les intérêts et l'honneur de la France (1).

L'action des missions protestantes françaises à Madagascar.

En présence de ces faits, la Société des Missions de Paris a senti que le devoir l'obligeait à développer et à hâter l'action protestante française que ses délégués avaient été chargés de préparer sur les lieux.

------

(1) Voir, page 26, l'*Annexe* n° 4, sur les menées des Jésuites à Madagascar, et, page 29, l'*Annexe* n° 5, sur la propriété des édifices religieux à Madagascar.

A vrai dire, ils ne s'étaient pas bornés à la préparer, ils l'avaient commencée. Dès leur arrivée, en février 1895, ils avaient établi à Tananarive un service religieux français qui, depuis lors, est célébré régulièrement. En outre, ils ont personnellement concouru à l'enseignement du français dans les grandes Ecoles, et M. Escande, leur successeur, n'a fait que continuer en cela leur activité.

Mais ce n'était là qu'une action provisoire, et depuis qu'elle a entendu le rapport de ses délégués, la Société des Missions de Paris a marqué, par diverses décisions, la part très sérieuse qu'elle entend prendre aux œuvres religieuses et scolaires de la mission protestante à Madagascar.

Elle a accepté tout d'abord l'offre qui lui a été faite de reprendre à son compte l'*École du Palais*, établissement qui, dans ses jours de prospérité, a compté jusqu'à 300 élèves.

Elle a fait accueil, dans la Maison où se forment les futurs missionnaires français, à plusieurs professeurs et prédicateurs malgaches, venus en France pour apprendre notre langue. D'autres jeunes Malgaches ont été placés par la *Société centrale protestante d'évangélisation* dans son école d'évangélistes de Montpellier. Cette Société participe aussi aux frais du service français établi à Tananarive.

Plus récemment, la Société des Missions de Paris a pris une résolution plus importante. Elle a consenti à se charger, aux lieu et place de la Société de Londres, de la direction des Écoles primaires de l'Émyrne. Ces écoles, au nombre d'environ 800, comptent de 30,000 à 40,000 élèves. Il va sans dire qu'à la direction de ces écoles se rattache, dès à présent, une part prépondérante dans la formation des instituteurs.

En attendant les résolutions complémentaires dont l'avenir pourra montrer l'utilité, la Société s'est occupée de réunir et de faire partir le personnel nécessaire pour exécuter les mesures prises. Un premier envoi d'instituteurs a eu lieu le 10 janvier. Un second envoi se prépare pour le 25 mars; il comprendra deux pasteurs, un ancien élève de l'École normale supérieure qui, dans la pensée du Comité, aura pour mission d'organiser le système scolaire d'après les méthodes françaises, un directeur d'écoles, et d'autres agents, pasteurs ou professeurs, que la Société s'occupe, à cette heure, de recruter.

Telle est l'œuvre que la Société des Missions entreprend à Madagascar. Mais, résolue comme elle l'est à faire tout ce que le devoir lui impose, elle voit une autre tâche à remplir : celle d'éclairer l'opinion et, tout d'abord, l'opinion de nos gouvernants, sur la situation à Madagascar au point de vue de la liberté religieuse.

Elle voit, dans les faits qui se sont produits, une menace, et, dans certains cas, une atteinte à cette liberté. Ces faits, elle les livre à l'attention de tous, en les accompagnant de ces simples réflexions :

A Madagascar, 400,000 indigènes ont adhéré au protestantisme ; 125,000 à l'Église catholique. Les uns comme les autres ont accepté le régime français et lui ont donné des gages.

Est-il juste, et est-il désirable de laisser se perdre, pour le seul motif que l'initiative en a été prise par des étrangers, l'œuvre religieuse et civilisatrice accomplie à Madagascar par le protestantisme, cette œuvre dont nous avons essayé de donner un aperçu, et qui constitue pour l'avenir de notre nouvelle colonie un précieux élément de progrès dont il ne tient qu'à la France de profiter?

Est-il juste — et est-il sage — que les Églises protestantes indigènes, aujourd'hui Églises protestantes françaises, qui représentent la plus grande force morale à l'œuvre à Madagascar, soient mises en suspicion, et que les 400,000 protestants malgaches, aujourd'hui protestants français, soient inquiétés dans la sécurité de leur conscience et placés dans l'alternative, ou de se rattacher au catholicisme, ou de braver la menace, audacieusement proférée, d'encourir, s'ils s'y refusent, le déplaisir et les châtiments de la France, et cela au moment où les représentants autorisés du protestantisme français ne reculent devant aucun sacrifice pour introduire dans l'Église et dans l'école l'élément français à côté de l'élément étranger, et pour remplacer celui-ci, lorsque cela est nécessaire et possible? Ce serait une iniquité, un odieux abus de la force, une violation flagrante de la liberté de conscience, que tout bon Français ressentirait comme s'il en était lui-même victime.

ANNEXE N° 1.

STATISTIQUE DES MISSIONS CHRÉTIENNES A MADAGASCAR

On trouvera, dans l'annexe n° 3, l'exposé de l'œuvre accomplie par deux des principales Sociétés de missions protestantes actuellement engagées à Madagascar, exposé préparé par ces Sociétés et remis par leurs représentants au Ministre des colonies dès les premiers mois de 1896.

Pour plus amples détails sur ces missions et sur l'ensemble des travaux apostoliques accomplis à Madagascar, on pourra consulter le volume que la Société des Missions de Paris fait paraître sous ce titre : *Le protestantisme français et Madagascar* (Maison des Missions, 102, boulevard Arago, Paris, 1897), *sous presse* (1).

Nous nous bornerons à donner ici un double tableau statistique de l'état des Missions chrétiennes au commencement de 1895.

	MISSION-NAIRES	PASTEURS INDIGÈNES	MEMBRES ADULTES	ADHÉRENTS	ÉCOLIERS	FRAIS A MADAGASCAR (en francs).
Société de Londres.						
Imérina.	18	903	56.546	239.573	42.954	
Betsiléo	8	113	4.334	14.047	16.775	
Tsihanaka.	3	3	487	9.817	3.581	
Côte est.	4	29	1.382	25.397	11.486	
Total :	33	1.048	62.749	288.834	74.796	439.526
Société des Amis.						
Imérina. . . . . . . : .	8	—	2.681	14.715	14.058	189.678
Soc. p. la Propag. de l'Évangile.						
Imérina	6	9	2.431	7.850		
Côte est	3	7	357	2.700		
Total :	9	16	2 788	10.550	?	102 060
Société norvégienne.						
Imérina	1	2	183		270	
Betsiléo.	14	55	29.169		34.981	
Bara.	4	—	60		245	
Côte est.	2	2	291		1.342	
Côte sud-ouest.	3	—	239		403	
Total :	24	58	29.942	80.000	37.241	394.432
TOTAL GÉNÉRAL	74	1.122	98.160	394.099	126.095	1.115.696

(1) Voir aussi le *Journal des Missions*, années 1886, pp. 144 et suiv., et 191 et suiv.; 1893, pp. 283 et suiv., et 337 et suiv.

Les mêmes chiffres, disposés par régions, fournissent le tableau suivant, qui montre combien les chrétiens sont massés sur le plateau central et dans le Betsiléo, au sud de l'Imérina.

	MISSIONNAIRES	PASTEURS INDIGÈNES	MEMBRES ADULTES	ADHÉRENTS	ÉCOLIERS
Imérina	33	913	61.841	262.688	57.282
Betsiléo	22	168	33.503	92.047	51.756
Tsihanaka.	3	3	487	9.817	3.581
Bara	4	—	60	150	245
Côte est	9	38	2.030	28.797	12.828
Côte sud-ouest	3	—	239	600	403
TOTAL GÉNÉRAL. . . .	74	1.122	98.160	394.099	126.095

On remarquera que les tableaux ci-dessus ne mentionnent que les missions protestantes. Le classement des données catholiques est tel qu'on ne saurait disposer celles-ci sous les rubriques usuelles des missions protestantes. Voici les derniers chiffres fournis par Mgr Cazet, à Tananarive, le 30 septembre 1894 (1) : Le personnel de la mission se composait de 51 Pères de la Compagnie de Jésus, y compris l'évêque, de 4 scholastiques, de 18 frères coadjuteurs, de 16 frères des écoles chrétiennes, et de 27 sœurs de Saint-Joseph-de-Cluny, soit, outre les sœurs, 89 missionnaires. Le nombre de « catholiques adhérents » était de 136,175 ; celui des élèves dans les écoles, de 26,739.

Le rapport officiel de la Propagation de la Foi (2) décompose le total des catholiques en 41,135 fidèles, c'est-à-dire baptisés, adultes et enfants, et en 95,040 « *adhærentes seu quasi catechumenos* ».

En prenant pour base la moyenne proportionnelle entre les baptêmes d'adultes et les baptêmes d'enfants faits par les missionnaires catholiques pendant les dernières années, on peut estimer à environ 15,000 le nombre des Malgaches catholiques adultes. Les chiffres catholiques correspondant à ceux des statistiques de la mission protestante à Madagascar seraient donc les suivants : missionnaires, 89 ; prêtres indigènes, (?) ; catholiques adultes, 15,000 environ ; adhérents, plus de 121,000 ; écoliers, 26,739.

Cet aperçu serait incomplet si nous ne mentionnions ici l'*Église royale* ou Église du Palais, qui comptait, en 1895, 194 pasteurs indigènes, 20,860 membres adultes, 60,533 adhérents et 14,095 écoliers. Nous n'avons pas fait figurer ces chiffres dans nos deux tableaux statistiques, parce que les membres de l'Église royale font tous partie des Églises rattachées aux missions. Le fait même de l'existence de cette Église indigène plus ou moins autonome n'en est pas moins intéressant, comme preuve d'un mouvement conscient et réfléchi en faveur du protestantisme.

---

(1) Publié dans les *Missions Catholiques* (Lyon et Paris, 1894), p. 537.

(2) *Missiones catholicæ cura S. Congregationis de propaganda Fide descriptæ anno 1895* (Rome, 1895), p. 379. — En 1890, on comptait « 98,425 catholiques, dont 29,627 baptisés » (Louvet, *Les Missions catholiques au XIXe siècle*, Lyon, 1894, p. 474).

ANNEXE N° 2.

LA SOCIÉTÉ DES MISSIONS ÉVANGÉLIQUES ET MADAGASCAR
AVANT 1895.

I

La Société des Missions évangéliques de Paris n'ayant d'autre but, comme l'indique l'art. I de ses statuts, que la propagation de l'Evangile parmi les peuples non chrétiens, et n'ayant ni le désir ni, en général, l'occasion de se voir mêlée aux débats publics, n'est que peu connue en dehors des Églises protestantes. Aussi est-il arrivé plus d'une fois, depuis que l'expansion coloniale a mis en lumière le rôle des missions chrétiennes, de voir l'ignorance et la malveillance dénaturer son caractère ou son action. Les indications suivantes suffiront à la faire connaître (1).

Fondée en 1822 par les hommes les plus notables du protestantisme parisien d'alors; présidée successivement par l'amiral comte Ver-Huell, le comte Jules Delaborde, le baron Léon de Bussierre, M. Jules de Seynes; ayant possédé dans son conseil d'administration des membres tels que l'amiral Jauréguiberry et le sénateur Edmond de Pressensé; dirigée à l'heure actuelle par des hommes en possession de la confiance des Églises protestantes françaises, qui leur accordent leur appui sans marchander, la Société des Missions a la conscience d'avoir, comme veut le faire tout chrétien, servi le pays tout en servant l'Evangile : indirectement, par les sympathies qu'elle a su conquérir pour le nom français, quand les circonstances l'appelaient à travailler en dehors de nos frontières coloniales; directement, dans les œuvres qu'elle a pu entreprendre dans ces colonies elles-mêmes : à Taïti, au Sénégal, aux îles de la Loyauté, et, en dernier lieu, au Congo français, où elle s'est rendue en partie pour répondre à un vœu de M. de Brazza.

II

En ce qui touche Madagascar, voici exactement quelle a été, avant 1895, l'attitude de la Société des Missions (2) :

En 1884, elle a déclaré à l'administration, qui lui avait demandé de lui « fournir des pasteurs qui seraient placés dans l'île au fur et à mesure de la prise de possession », que l'installation de ces pasteurs dans les Églises malgaches, Églises régulièrement constituées, ne lui semblait possible qu'en vertu d'un accord avec ces Églises; il lui paraissait, d'ailleurs, impossible de faire coïncider l'action religieuse avec l'action militaire.

Dès 1886, après la conclusion du traité, la Société des Missions s'est mise en rela-

---

(1) La Société publie annuellement un *Rapport* qui est à la disposition de tous; de plus, elle rend compte de ses travaux dans une publication mensuelle, *le Journal des Missions évangéliques*.

(2) Voir à ce sujet une brochure : *Madagascar et les Protestants français*. Paris, Bureau de la *Revue chrétienne*, 1887.

tions avec l'administration pour faciliter l'action du Résident général dans ses rapports avec la Société des Missions de Londres et pour mettre à la disposition du gouvernement un pasteur distingué et prêt à faire une enquête sur la situation de Madagascar au point de vue protestant. Le gouvernement, tout en remerciant de l'offre, la déclina, en déclarant que l'enquête en question n'entrait pas dans ses vues (1).

Depuis lors, la Société des Missions ne s'est pas désintéressée de Madagascar. Elle a participé à des démarches faites pour introduire l'enseignement français dans les écoles protestantes de l'île.

Plus récemment, en 1893, elle a pris de nouvelles informations sur l'utilité que pourrait présenter son intervention dans la grande île africaine. Les hommes les mieux en mesure de fournir des renseignements sur ce point précis ont été interrogés. Ces hommes, M. Alfred Grandidier, l'un des savants qui connaissent le mieux Madagascar, pour y avoir vécu et y entretenir de nombreuses relations personnelles, et M. Le Myre de Vilers, le premier résident général de France à Tananarive, ont conseillé très énergiquement l'abstention. Le *Journal des Missions* (année 1893, p. 349 et suivantes) a publié leurs réponses.

Non contente de ces avis provenant de sources si autorisées, la Société tint à avoir celui du gouvernement. Elle informa le ministre des Affaires étrangères, dans le cours de 1893, qu'elle serait reconnaissante de connaître ses vues sur la question qui la préoccupait. Ce n'est, toutefois, qu'au commencement de l'année suivante que l'administration supérieure lui fournit l'occasion d'entrer en communication avec elle à ce sujet. Le 13 février 1894, le directeur de la maison des Missions fut reçu par le sous-directeur des Protectorats, auquel il exposa les préoccupations de la Société et les plans qu'elle avait ébauchés pour le cas où son intervention paraîtrait utile. La réponse, plusieurs fois répétée, de M. Benoit, fut que « *le gouvernement ne demandait rien de pareil et que, dans l'état présent des choses, une intervention de ce genre ne présenterait aucune utilité et serait même de nature à créer une complication de plus.* »

Le mois suivant, le gouvernement exprima d'une manière encore plus catégorique, si possible, son opinion, contraire à l'intervention du protestantisme français à Madagascar, dans les circonstances où l'on se trouvait alors. M. Maurice Dombre, pasteur de l'Eglise réformée de France, ancien élève de la maison des Missions, avait offert ses services au gouvernement pour une enquête sur la situation religieuse à Madagascar et sur le rôle réservé éventuellement au protestantisme dans ce pays. M. Jules Siegfried, député, ayant appuyé la proposition de M. Dombre auprès du ministre des Affaires étrangères, reçut de celui-ci la réponse suivante :

Paris, le 24 mars 1894.

M. Casimir Périer, Ministre des Affaires étrangères, à M. Jules Siegfried, député.

Monsieur le député et cher collègue,

Ainsi que vous en avez été informé le 17 septembre dernier, mon prédécesseur avait eu soin de communiquer à notre Résident général à Tananarive la demande de

---

(1) Voici dans quels termes M. le ministre des affaires étrangères s'exprimait, dans une lettre relative à cette démarche : « J'apprécie les motifs qui ont dirigé votre conduite dans cette circonstance et le résultat de vos efforts ; les sages directions adressées aux missionnaires protestants concordent trop bien avec les instructions qu'a emportées M. le Myre de Vilers pour qu'il n'y ait pas tout lieu d'espérer qu'aucune difficulté ne s'élèvera entre ceux qui, par des voies diverses, tendent à assurer à la grande île africaine les bienfaits de la civilisation. »

mission à Madagascar formulée par M. Dombre, pasteur de l'Eglise réformée de Millau, sur laquelle vous avez bien voulu appeler de nouveau l'attention de mon département par une lettre du 18 décembre 1893.

Il résulte des indications qui m'ont été fournies à ce sujet par M. Larrouy que la mission dont il s'agit n'aurait actuellement aucune chance de réussite.

Notre représentant estime que, malgré tout le tact et toute la prudence dont M. Dombre ferait preuve, l'œuvre qu'il se propose d'entreprendre ne pourrait qu'ajouter de nouvelles difficultés à celles que rencontre l'exercice de notre action dans la grande île africaine.

Vous voudrez bien reconnaître qu'il ne m'est pas possible, dans ces circonstances, de donner suite au projet en question, et je ne puis que vous en exprimer mes regrets.

Agréez, Monsieur le Député et cher collègue, l'assurance de ma haute considération.

Signé : CASIMIR PÉRIER.

ANNEXE N° 3.

—

LES MISSIONS ANGLAISES ET NORVÉGIENNES ET LE RÉGIME FRANÇAIS

Le jour même de l'entrée des troupes françaises à Madagascar, les missionnaires protestants se sont rendus auprès du général Duchesne et l'ont assuré de leur dévouement, lui promettant de faire tout ce qui dépendrait d'eux pour coopérer à l'œuvre de pacification et de civilisation que la France allait entreprendre à Madagascar.

De leur côté, les directeurs de ces Sociétés ont tenu à assurer notre gouvernement de leur bonne volonté et de la loyale coopération qu'ils étaient résolus à donner au nouveau régime.

Dès les premiers jours de 1896, M. le pasteur Munthe Kaas est venu, au nom du Comité des missions norvégiennes, entretenir notre ministre des colonies de l'œuvre de ces missions et les recommander à la bienveillance de notre gouvernement : il a pu donner les mêmes assurances et adresser la même requête au président de la République, qui l'a reçu en audience particulière. Nous regrettons de ne pas posséder la note remise à cette occasion au ministre des colonies. Nous pouvons en indiquer néanmoins le contenu essentiel. Elle renfermait :

1° Un exposé des principes et du fonctionnement de la Société des Missions de Norvège ;

2° Un aperçu de son activité à Madagascar, avec statistiques à l'appui (stations, annexes, aides indigènes, établissements hospitaliers).

Elle exprimait, en outre :

3° L'intention bien arrêtée de se conformer aux exigences de la situation en francisant les écoles avec l'aide de maîtres français ;

4° L'intention d'aider loyalement les autorités françaises dans leur œuvre civilisatrice, et l'espoir que la liberté de conscience serait pleinement accordée.

Le 11 mars de la même année, les deux principales Sociétés anglaises opérant à Madagascar, la *Société des Missions de Londres* et l'*Association missionnaire des Amis ou quakers*, envoyaient à Paris une députation composée de six délégués, trois pour chaque Société, entre autres M. R. Wardlaw Thompson, secrétaire de la Société de Londres, et M. Watson Grace, secrétaire de l'Association missionnaire des Amis. Voici le texte des notes laissées par ces deux députations entre les mains du ministre :

NOTE REMISE PAR LA « SOCIÉTÉ DE LONDRES »

—

LONDON MISSIONARY SOCIETY
14, BLOMFIELD STREET, 14, LONDON WALL, E. G.

—

10 mars 1896.

FOREIGN
DEPARTMENT

A Son Excellence Monsieur le Ministre des Colonies, à Paris.

Monsieur le Ministre,

Les Directeurs de la Société des Missions de Londres désirent exprimer à Son Excellence Monsieur le Ministre des Colonies toute leur reconnaissance pour l'entrevue qu'il a bien voulu leur accorder, relativement aux travaux de cette Société à Madagascar.

Grande et sincère est aussi leur gratitude pour la courtoisie et l'extrême bienveillance dont les missionnaires de la Société n'ont cessé d'être les objets, tant de la part du général Duchesne, commandant de l'expédition militaire qui vient de se terminer, que de ses officiers ; et pour la liberté donnée aux missionnaires d'exercer leur ministère sans entraves. Ils aiment à croire et espèrent bien que nul représentant de cette Société n'agira d'une façon qui puisse faire regretter au Gouvernement français les égards qu'il a témoignés aux membres de la Mission.

La Société a poursuivi ses travaux depuis bien des années à Madagascar. Elle a l'honneur d'être la première mission protestante qui ait été à l'œuvre dans l'île, où elle a débuté pendant le règne de Radama Ier, en l'an de grâce 1819. Les missionnaires ont mis la langue par écrit, ont introduit des arts et des métiers utiles, établi des écoles, traduit en langue malgache les Saintes Écritures et groupé des convertis.

En 1839, une persécution violente éclata contre les chrétiens, et les missionnaires furent obligés de quitter l'île.

Ils reprirent leurs travaux en 1862. Le missionnaire W. E. Cousins (1) partit un

---

(1) L'un des membres de la députation reçue à Paris, le 11 mars 1896, par le ministre des Colonies.

des premiers. Depuis cette époque, ils ont entretenu un grand nombre d'agents dans l'île et ils ont dépensé plus de £ 388,000 (soit 7,700,000 francs) dans l'exécution de leurs travaux. Avant le commencement de la récente guerre, il y avait dans l'île trente-neuf missionnaires anglais dépendant de la Société des Missions de Londres, parmi lesquels six dames.

Les travaux de la Société se sont poursuivis dans les provinces de l'Émyrne et du Betsiléo, parmi les Sihanakas, dans les districts de Farafangana et de Vohipeno, sur les côtes du sud-est, parmi les Betsimisarakas, au nord et au sud de Tamatave, et dans la ville de Tamatave même.

Les missionnaires de la Société ont sous leur surveillance, dans ces districts et postes divers, 1,400 églises à l'usage des indigènes professant le christianisme, lesquels s'élèvent au nombre de 62,750 (1); et 1,290 écoles fréquentées par 74,796 écoliers.

La Société entretient, à Tananarive, un collège pour instruire et former les pasteurs indigènes, ainsi qu'une imprimerie employant un grand nombre d'ouvriers indigènes; cette imprimerie contribue à satisfaire le goût toujours croissant du peuple pour les livres.

Elle a deux écoles normales pour instruire et former les instituteurs, deux écoles supérieures à l'usage des filles, et une à l'usage des garçons; l'ensemble de l'enseignement se poursuit d'après un système bien étudié et sous la surveillance d'inspecteurs capables.

Il ne peut donc être surprenant qu'après avoir exercé ses travaux à Madagascar pendant tant d'années et sur une si vaste échelle, la Société s'intéresse vivement à la prospérité du peuple malgache.

C'est cet intérêt qui a poussé les Directeurs à solliciter la présente entrevue. Aussi longtemps que les Malgaches constituaient une nation indépendante, soumise à l'autorité des Hovas, le devoir des missionnaires de la Société était de reconnaître le gouvernement indigène, d'obéir à ses lois, et, autant que possible, de se conformer à ses désirs quant aux méthodes à employer, sans que leur présence et leurs travaux dans l'île aient eu un but secret, distinct de leur mission même, laquelle consistait, comme chacun le sait, à travailler de leur mieux au progrès intellectuel, moral et spirituel du peuple.

Maintenant que l'île est sous la domination de la France, les Directeurs et les missionnaires de la Société reconnaissent que les mêmes principes d'obéissance à la loi, et que les mêmes efforts soutenus pour le progrès du peuple, doivent être sa seule règle de conduite.

Le Christianisme n'est pas seulement national, il est universel, et le missionnaire chrétien, quelle que soit sa nationalité, ne doit jamais s'immiscer dans les questions politiques. Son devoir est de combattre la perversité morale et d'indiquer le remède que l'Évangile prescrit, et, par ces moyens, d'enseigner au peuple à devenir de bons sujets et des citoyens honorables de la nation à laquelle ils sont assujettis.

Les Directeurs prient le Gouvernement français de croire que ce qui vient d'être dit représente exactement la position que la Société a toujours prise, et qu'ils n'ont nullement l'intention de s'en écarter.

Les Directeurs de la Société, envisageant leurs devoirs à ce point de vue, se préoc-

---

(1) Ce chiffre est celui des membres communiants de l'Église; celui des *adhérents* au christianisme qui se rattachent à la *Société des Missions* est d'environ 290,000.

cupent de trouver quelle serait la meilleure manière de faire face aux exigences de la situation actuelle, surtout en ce qui touche l'éducation.

Des cours ayant pour but d'enseigner la langue française ont été organisés, depuis plus d'un an, dans les collèges de la Société, à Tananarive, ainsi que dans l'école normale.

En outre, si l'on juge à propos de le faire, les Directeurs sont prêts à s'assurer les services de professeurs protestants français, capables, si l'on peut en trouver qui soient disposés à enseigner sous leurs ordres, munis de certificats constatant qu'ils sont à même, non seulement d'augmenter et d'améliorer l'enseignement de la langue française, mais aussi de former les instituteurs des écoles élémentaires, et d'adapter le plan d'instruction qu'ils suivent aux méthodes scolaires françaises.

Comme ce qui vient d'être dit représente les vues et les intentions des Directeurs, ils saisissent cette occasion pour faire observer à Son Excellence que les changements relatifs à l'enseignement qu'il serait nécessaire d'effectuer ne peuvent s'accomplir brusquement. Il ne serait possible ni même désirable de substituer tout d'un coup des instituteurs européens aux instituteurs indigènes, ces derniers ayant sous leur direction les 1,200 écoles élémentaires établies par la Société.

Pendant le temps requis pour instruire et former les nouveaux instituteurs, qui ne pourra être moins de deux à quatre ans, il sera nécessaire de continuer l'enseignement dans les écoles d'après le système actuellement en vigueur, et cela à l'aide des agents actuels; sinon, il faudrait fermer tout à fait la plupart des écoles. Cette mesure priverait le peuple des facilités dont il jouit pour acquérir quelques éléments d'éducation.

En conséquence, les Directeurs espèrent que le Gouvernement français voudra bien accepter l'assurance qu'ils lui donnent, qu'aucun délai inutile ne sera apporté par eux aux nouveaux arrangements qui pourraient être nécessaires. Il voudra bien reconnaître que la marche progressive qu'ils se voient forcés de suivre, en ce qui touche les changements à introduire dans l'enseignement, leur impose la prudence, de façon que ces changements ne soient ni indûment précipités ni effectués d'une manière violente et prématurée.

Les Directeurs placent une confiance entière dans l'intention, plusieurs fois exprimée par le Gouvernement français, d'accorder la liberté religieuse d'une manière égale à tout le peuple de Madagascar, ainsi qu'à tous ceux qui travaillent parmi ce peuple, quelle que soit leur nationalité, et dont les enseignements ne sont contraires ni à la morale, ni à la loi, ni au bon ordre.

Ils sont persuadés que les hauts fonctionnaires du Gouvernement protégeront cette liberté et la maintiendront non seulement en principe, mais en fait, contre quiconque voudrait faire prévaloir des idées incompatibles avec cette liberté.

Ils ne désirent pour leurs missionnaires nul autre avantage, et pour leurs convertis ou adhérents, aucun privilège plus étendu.

Ils ont la conviction que le Gouvernement français ne saurait trouver à Madagascar aucune portion de la nation qui soit plus intelligente, plus amie du progrès, plus obéissante à la loi, que celle qui est dirigée et instruite par les missionnaires de la Société des Missions de Londres, ni aucun agent européen plus sincèrement désireux de faciliter le développement des meilleurs intérêts du peuple, en mettant de côté tout autre motif, que les missionnaires de la Société des Missions de Londres.

R. WARDLAW THOMPSON.
Secrétaire de la « Société des Missions de Londres. »

NOTE REMISE PAR LA « SOCIÉTÉ DES AMIS »

FRIENDS' FOREIGN MISSION ASSOCIATION

12, BISHOPSGATE WITHOUT, LONDON, E. C.

Monsieur le Ministre des Colonies de la République française, Paris.

Monsieur le Ministre,

Vu les changements importants qui viennent d'avoir lieu à Madagascar et l'établissement de l'autorité française dans cette île, il a semblé utile au Comité de la « Friends Foreign Mission Association » (ou Association missionnaire de la Société des Amis ou *Quakers*) de définir clairement, en un court exposé, la position et l'activité de ses missionnaires, comme aussi le but qu'ils ont en vue dans la grande île africaine.

La « Société des Amis » a toujours revendiqué la liberté de conscience et n'a jamais cherché ni reçu pour son travail religieux l'appui pécuniaire du gouvernement. Son but, en envoyant des missionnaires à Madagascar et ailleurs, est purement philanthropique et chrétien, et nullement politique. Les principes des *«Amis»* ou «Quakers», quant aux maux de la guerre, leur attitude à l'égard de l'esclavage et du commerce des esclaves, qu'ils combattent énergiquement, sont bien connus.

La « Société des Amis » a toujours donné pour instructions à ses missionnaires de n'intervenir en aucune manière dans l'action du gouvernement des pays où elle est à l'œuvre. Telle a été son attitude dans le passé, et telle aussi elle sera dans l'avenir.

Les premiers missionnaires de la *Société des Amis* arrivèrent à Tananarive le 1er juin 1867. Ils y trouvèrent quelques milliers de chrétiens indigènes et un groupe de missionnaires bien organisés et travaillant activement sous la direction de la *Société des Missions de Londres*. Les missionnaires quakers furent cordialement accueillis, et les ouvriers des deux Sociétés ont toujours, dès lors, travaillé dans une fraternelle harmonie. — L'œuvre des « Amis » fut d'abord essentiellement une œuvre d'éducation et consista principalement dans deux grandes écoles supérieures pour garçons et filles, établissements dont le travail s'est poursuivi avec succès pendant près de trente ans.

Mais, après que la reine Ranavalona II eut fait, en 1868, profession publique du christianisme, et que, dans cet acte d'adhésion, elle eut été suivie par une grande partie de ses sujets, dans tout l'Émyrne, la « Société des Amis » vit s'accroître, dans une grande mesure, les demandes qui lui étaient adressées pour qu'elle prît une part directe à l'évangélisation du pays. Un vaste district, situé au sud-ouest de la capitale, et comptant environ 200,000 habitants, reçut peu à peu l'instruction religieuse par ses soins. Trois stations furent établies dans ce district, et autour de ces stations vinrent se grouper plus de cent vingt écoles élémentaires et postes de prédication.

Une imprimerie, établie en 1872, a largement contribué, par les livres qu'elle a publiés, à élever le niveau moyen de l'éducation parmi le peuple.

En 1862, une mission médicale a été fondée à Tananarive. Depuis 1880, cette branche de notre activité missionnaire a été poursuivie en commun avec la *Société des Missions de Londres :* la responsabilité principale de cette œuvre restant entre les mains de la *Société des Amis.* Un hôpital spacieux et bien aménagé, pour quatre-vingts lits, fut ouvert en 1891, et l'œuvre médicale dont il est le centre a répandu au loin sa bienfaisante influence.

Le but essentiel que se proposent les missionnaires de la *Société des Amis* est d'amener le peuple de Madagascar à une vraie connaissance de Dieu, notre Père, par Jésus-Christ, notre Sauveur. Ayant cet idéal religieux devant eux, ils ont fait effort pour répandre, par la parole et par l'exemple, les principes chrétiens de vérité, de justice et de charité. Leur objectif a été d'apprendre aux Malgaches les inestimables bénédictions qui découlent de l'obéissance à la loi, de la justice et de la paix.

Le Comité des Missions étrangères de la « Société des Amis » tient à donner au Ministre des Colonies l'assurance que ses missionnaires continueront à observer auprès des nouvelles autorités la même attitude loyale qu'ils ont eue à l'égard des précédents gouvernements, et que tous ses efforts, à Madagascar, tendront, dans l'avenir comme dans le passé, à la diffusion du christianisme et au progrès de l'éducation et de la civilisation du peuple. En ce qui concerne l'éducation, sa ferme intention est, dans la mesure de ce qui lui est possible, de faire à l'enseignement de la langue française la place qui lui revient dans les grandes écoles. Il a l'espoir que, sous un gouvernement bon, sage et bienveillant, le vrai progrès et les intérêts supérieurs du peuple de Madagascar seront assurés et pourront se développer d'une manière constante.

En terminant cet exposé, le Comité saisit l'occasion qui lui est offerte d'exprimer sa vive reconnaissance pour la courtoisie avec laquelle le général Duchesne et le résident-général, M. Laroche ont reçu les missionnaires de la *Société des Amis;* il exprime, en même temps, l'espoir que ses agents continueront à jouir de la sympathie et de la faveur du Gouvernement dans leurs efforts pour le bien de Madagascar.

Paris, le 11 mars 1896.

Pour le Comité :

WATSON GRACE,

Secr. F. F. M. A.

Nous ne saurions mieux compléter et commenter ces notes qu'en citant le témoignage rendu par MM. Lauga et Escande aux efforts faits indistinctement par toutes les missions protestantes de Madagascar pour l'enseignement du français.

M. Lauga écrit, le 9 octobre 1896 :

« L'obligation d'enseigner le français, *même dans les écoles de campagne* (1), va être publiée à l'*Officiel* de demain... Les Jésuites contourneront l'arrêté en appelant leurs écoles « écoles françaises » — ce qui, sauf pour la capitale, est une duperie — et se contenteront de cette enseigne trompeuse pour faire fermer les écoles rivales, seules peuplées d'enfants qu'ils comptent bien absorber...

... La vérité est que, depuis notre arrivée ici, *les missionnaires anglais et norvégiens ont fait un immense effort pour enseigner le français dans toutes les écoles.* Si seulement

____

(1) Où, jusqu'à ce jour, on n'avait enseigné que le malgache.

on veut être équitable, nous pouvons être tranquilles, car l'effort en ce sens n'existe que chez les protestants. Si on est simplement impartial, et si on exige des instituteurs des garanties sérieuses, dans un an la victoire sera à nous sur ce terrain, où les missionnaires protestants, quelle que soit leur nationalité, défient toute concurrence. Mais si on se contente de l'enseigne fallacieuse d' « École française », sans exiger l'enseignement réel, effectif, du français, alors la jeunesse, c'est-à-dire l'avenir, nous échappera. Ce qui est certain, c'est que depuis que nous sommes ici, *nous avons fait tout ce qu'il est humainement possible de faire pour pousser à l'étude du français, aidés dans nos efforts patriotiques par les missionnaires qui, ayant tous accepté loyalement le régime français, ont tout fait pour nous donner satisfaction.* Deux de nos compatriotes, en position de bien voir, m'ont dit qu'ils avaient été humiliés, en tant que Français, de comparer les écoles catholiques, soi-disant françaises, avec les écoles protestantes, et cela, à tous les points de vue. L'un de ces messieurs me disait qu'à Ambositra, pas un enfant à l'école catholique, horriblement mal tenue, n'a pu lui dire un mot de français, tandis qu'à l'école de la mission anglaise on lui a récité et chanté en français, et que plusieurs enfants lui avaient dit quelques mots. Et les choses sont ainsi partout, hormis dans la capitale, où je crois qu'on fait un peu mieux...

Voici encore quelques détails complémentaires sur l'enseignement du français dans les écoles des missions protestantes de Madagascar. Nous les empruntons au *Journal des Missions évangéliques*, année 1897, page 37 et suivantes :

« ... L'effort que font ces missions ne date pas de l'arrêté du général Galliéni, relatif à l'enseignement; sur plusieurs points, *il a devancé la prise de possession;* sur d'autres points, il l'a suivie immédiatement. Persuadés de la nécessité d'initier les élèves à notre langue; désireux, d'autre part, de répondre à l'appel que M. Laroche avait fait à leur bonne volonté, les missionnaires ont rivalisé de zèle pour apprendre le français à leurs écoliers. M. Lauga nous disait, il y a quelques mois, les résultats de leurs efforts... Ce qu'il n'a pas dit, c'est que lui et M. Krüger ont employé tous les moments libres dont ils disposaient, pendant leur séjour à Tananarive, à donner des leçons de français dans les grandes écoles protestantes. M. Lauga a été jusqu'à donner sept heures de leçons par jour.

M. Escande écrivait, de son côté, le 21 octobre : « M. Lauga et moi faisons ce que « nous pouvons pour multiplier nos leçons, mais nous ne suffisons pas à la tâche. Que « sera-ce quand M. Lauga sera parti? et quand, outre mon travail ordinaire, j'aurai « pris la direction de l'École de la reine, que fréquente la noblesse malgache et que « nous comptons organiser déjà la semaine prochaine? Non seulement il me faudra « être dans cette école au moins deux heures par jour, mais je devrai continuer à aller « au moins deux fois par semaine dans trois grands collèges, comptant l'un 300 jeunes « gens, l'autre 100, et le troisième 400, et aux deux grandes écoles de jeunes filles « qui comptent chacune plus de 300 élèves; enfin, aux écoles de la mission norvé- « gienne. C'est au-dessus des forces d'un homme... »

« Voici, enfin, quelques détails sur les mesures prises par les missionnaires pour se mettre en mesure de se conformer aux nouveaux programmes scolaires promulgués par le décret du général Galliéni. A la requête de ces missionnaires, présentée par nos délégués, un délai a été accordé aux diverses missions pour se mettre en règle. Ce délai, fixé à un an pour la mission norvégienne, n'est que de six mois pour les écoles placées, jusqu'à ce jour, sous la direction de la mission anglaise. Les missionnaires ont pris un parti héroïque : ils ont institué, à l'aide de deux sous-officiers français et d'un Mauricien, un cours de français pour les instituteurs. Ceux-ci sont venus de la campagne pour le suivre, au nombre de 300. Quand ce premier cours, forcément sommaire, sera terminé, 3 à 400 autres instituteurs viendront à leur tour se soumettre à cet enseignement intensif du français. Les missionnaires de la Société des Amis ont institué un cours du même genre, ainsi que les Norvégiens. On a vu plus haut que M. Escande donne son concours a ces derniers, comme à tous les autres représentants de la mission protestante.

« Rappelons que, contrairement à ce qui a été dit quelquefois et à ce que beaucoup de personnes croient, *l'anglais n'a jamais été enseigné dans les écoles primaires de Madagascar.* L'instruction s'y donnait exclusivement en malgache, qui servait aussi pour la plupart des branches d'enseignement dans les grandes écoles. Oter à un peuple sa langue nationale, c'est lui ôter une partie de son âme; et la mission, soucieuse de respecter, dans leur originalité propre, les diverses fractions de la famille humaine, doit leur conserver leur idiome, tout en les mettant en mesure de communiquer avec la nation sous les lois de laquelle elles sont appelées à vivre. »

ANNEXE N° 4

LES MENÉES DES JÉSUITES A MADAGASCAR

Voici quelques échantillons des faits auxquels le texte (p. 12) fait allusion :

Abus de pouvoir.

Le 22 novembre 1895, les insurgés d'Arivoninoamo massacrèrent le missionnaire W. Jonhson, sa femme et leur fille âgée de cinq ans; puis, ils saccagèrent, brûlèrent et démolirent les nombreux bâtiments (maison d'habitation, église et école) de la mission protestante; la mission catholique, logée dans une maison malgache, fut pillée; le prêtre avait réussi à s'échapper. La perte matérielle de la mission protestante fut évaluée à environ 40,000 francs; celle de la mission catholique à 5,000 francs.

Sachant que l'état des finances de la colonie ne permettait pas d'espérer une indemnité, le R. P. Garde se rendit dans le district d'Arivoninoamo au commencement de mars 1896. Le 9 mars, il convoqua au nom du gouvernement les chefs responsables des villages environnants; puis, en se réclamant du Résident général, il imposa à ces différents villages une amende totale de 20,000 francs, payable avant la fin du mois, sous menace des rigueurs de l'autorité française.

Quelques-uns de ces chefs demandèrent au gouverneur du district Rainianjolahy ce qu'il fallait faire; ils obtinrent la réponse : « Ce que le Français vous a dit. » Les plus hardis osèrent consulter le capitaine X..., chef du poste : « Affaires qui ne me regardent pas, » leur fut-il répondu. Les chefs rentrèrent, convaincus que l'autorité française les taxait.

Le 30 mars, Rainidanielina, chef d'Arivoninoamo paya au P. Garde 2,000 francs. Le lendemain Rasoava, chef d'Ambohidraz, paya 1,000 francs; il demanda un reçu, que le prêtre lui refusa. Le chef de Manankasina paya, le 2 avril, une partie de la somme exigée; le P. Garde le menaça de la prison et lui fit conseiller d'emprunter à l'interprète, nommé Joseph, les 175 francs qui manquaient pour compléter les 1,000 francs « dus ». Le prêt fut accordé, séance tenante, à raison de 5 0/0 par semaine. Le village de Mangatany paya 1,000 francs; Betafo, 1,200 francs, dont 300 francs le 30 mars et 700 francs le 2 avril; Amboanana paya 3,000 francs le 4 avril, plus 30 francs à l'interprète du P. Garde, pour le succès obtenu. Ampahimanga paya 1,500 francs; Ampanoa, 1,000 francs; Mandiavato, de même; Manalalondo, 800 francs.

A Antanamalaza, le gouverneur Rainijemisona était protestant. A diverses reprises, il a rendu à l'autorité française des services signalés, soit en lui fournissant des renseignements importants, soit, notamment, en conduisant un détachement de miliciens, commandé par le capitaine X..., contre une localité où se cachaient les bandits qui avaient assassiné MM. Duret de Brie, Grand et Michaud, et chez lesquels on retrouva, en effet, des objets ayant appartenu à nos malheureux compatriotes.

Le Père jésuite du district avait essayé inutilement de faire passer ce gouverneur au catholicisme. Les promesses offertes d'abord furent suivies de menaces. En racontant ces faits à M. Lauga, Rainijemisona le pria de seconder la demande qu'il adressait aux autorités compétentes pour qu'on plaçât un poste militaire dans son village, menacé par l'ennemi; ce poste, ajoutait-il, assurerait la tranquillité de la région. Mais les troupes de relève n'étant pas encore arrivées, on ne put pas immédiatement accéder à cette demande.

Quand on lui donna suite, quelque temps après, ce même gouverneur, Rainijemisona, fut dénoncé par le Père jésuite au chef du poste, le colonel X..., qui arrivait dans le pays. Rainijemisona fut arrêté aussitôt et expédié à Tananarive. Là, il fut remis, comme coupable de rébellion, au tribunal malgache et condamné sommairement aux fers, en octobre dernier.

La population protestante d'Antanamalaga cru comprendre qu'il ne sert à rien de se dévouer à la cause française si l'on ne se fait pas catholique. Elle va, en grande partie, à la messe.

A Fenoarivo, à quatre heures au sud-ouest de la capitale, mêmes procédés ou à peu près, dont, seules, les conséquences diffèrent un peu. Cinq notables, membres influents de la congrégation protestante, qui n'ont jamais donné prise au soupçon, sont, par le prêtre jésuite, dénoncés comme fahavalos dangereux et jetés en prison. Aucune instruction n'est faite sur leur prétendue culpabilité, mais ils reçoivent tous les jours, dans la prison, la visite de leur accusateur, qui leur fait entrevoir les rigueurs de la cour martiale, s'ils ne consentent pas à abjurer... Après dix jours de cet apostolat, les malheureux, soigneusement tenus au courant des rigueurs exercées ailleurs, consentent à « se réunir », comme on disait au temps des dragonnades. Et ces hommes, hier accusés d'être des rebelles dangereux, sont, sans jugement, relâchés et pourvus de postes de confiance, où la peur et la honte font d'eux, entre les mains de leurs convertisseurs, des auxiliaires incomparables contre leurs anciens coreligionnaires. Une note détaillée, sur ce fait, a été remise à la Résidence générale.

Tsiafahy est un village situé à quatre heures au sud de Tananarive; il s'y trouve une station de mission, dont le pasteur anglais a dû, avec sa femme et ses enfants, fuir devant la menace de l'insurrection, au mois d'avril 1896. Il n'y a, dans ce village, aucun habitant catholique, partant point d'église de cette confession. Un poste militaire y a été établi, et le capitaine X..., chef du poste, « catholique militant », selon sa propre expression, voulut avoir un service religieux, désir légitime et respectable. Mais, pour donner satisfaction à ses besoins religieux, le capitaine fit mettre la congrégation protestante à la porte de sa propre église, et y a fait célébrer, le dimanche 19 octobre et le dimanche suivant 26 octobre, la messe devant et pour tout le petit corps d'occupation. Aux réclamations de MM. Lauga et Escande en faveur de la communauté qui, font-ils remarquer, est éxclusivement protestante le chef de poste répond : « Protestante?... Ils seront ce que je voudrai ! »

Le général Galliéni a condamné le procédé et ordonné la restitution de l'église aux protestants.

Néanmoins, dans un seul cercle, celui d'Ambatomanga, *douze* temples ont été pris par les catholiques, depuis le mois d'octobre dernier, avec l'autorisation de l'officier qui commande le cercle (1).

Pression exercée par les nouveaux gouverneurs.

En beaucoup d'endroits, les nouveaux gouverneurs exercent une pression sur les habitants pour les contraindre à se faire catholiques, à donner leurs temples aux prêtres, et à envoyer leurs enfants à l'école de ce dernier.

Le 20 décembre, une députation des gens d'Ambohimanambola est venue raconter au pasteur français de Tananarive le fait suivant. Depuis plusieurs semaines, le gouverneur de l'endroit pressait les habitants de donner un de leurs temples aux catholiques. Le jeudi 17 décembre, il passa dans toutes les maisons, disant que si, le dimanche suivant, le temple n'était pas livré, les soldats viendraient faire un mauvais parti aux récalcitrants. Le dimanche 20 décembre, à neuf heures, le gouverneur, Ravelomanda, suivi de la population catholique, se présenta à la porte du temple, pendant que les protestants étaient au culte, et les somma de sortir pour laisser entrer les catholiques. Sur leur refus, il prit leurs noms et les porta à Ambatomanga, chef-lieu du cercle.

Intervention de l'évêque.

Le dimanche suivant, 27 décembre, pendant le service, l'évêque en personne est entré dans le temple, a fait signe que l'on fît silence, et a annoncé que, s'il était venu, c'était parce qu'on lui avait dit que c'était maintenant une église catholique. Il a ajouté que chacun était libre d'être protestant ou catholique, puis demanda si les protestants qui étaient là ne voulaient pas laisser la place aux catholiques. L'évangéliste répondit très poliment que non. Alors le gouverneur indigène s'avança et dit que, par ordre du gouverneur, l'édifice était donné aux catholiques. Les protestants sortirent, et l'évêque put dire tranquillement la messe.

Pression sur la Reine.

A *Tananarive* même, la propagande des Jésuites a pris pour objet la reine, qui a dû recevoir, entre le 3 et le 9 décembre, quatre ou cinq visites de l'évêque. Ses propres pasteurs indigènes ne peuvent la voir ailleurs qu'au service du dimanche, et du haut de la chaire; quant à M. Escande, le pasteur français, il ne peut la visiter qu'en

---

(1) De son côté, M. le Ministre des Colonies, informé par la Société des Missions de ce qui se passe, a bien voulu nous informer que, par le courrier du 10 janvier, il avait donné des instructions précises pour qu'aucun changement ne fût apporté dans l'affectation des temples et pour que la liberté religieuse fût partout respectée. (Voir page 34.)

demandant une autorisation quarante-huit heures à l'avance, et ne lui parle que par l'intermédiaire d'un interprète catholique.

ANNEXE N° 5.

—

LA PROPRIÉTÉ DES ÉDIFICES RELIGIEUX A MADAGASCAR

La question de la propriété des édifices religieux pouvant recevoir des solutions diverses ou donner lieu à des mesures sur lesquelles il est bon que l'opinion puisse se faire une idée juste, nous croyons utile de publier à ce sujet les informations et les documents que l'on va lire.

I. — L'hôpital protestant d'Isoavinandriana, près de Tananarive.

Cet hôpital a été élevé par l'Association missionnaire des Amis ou Quakers, au moyen de souscriptions privées dont le total s'élève à 150,000 francs environ. L'objet de cet établissement ne différait de celui de la mission en général que par les moyens employés; c'était l'apostolat par l'action à côté de l'apostolat par la parole. Loin d'en retirer aucun profit, la Société des Amis et celle de Londres, qui y coopéraient, consacraient annuellement à l'œuvre dont cet hôpital était le siège une somme d'environ 40,000 francs.

Le 6 novembre, une lettre signée par la reine demandait au comité administrateur de l'hôpital de lui restituer dans le plus bref délai possible le terrain sur lequel l'hôpital était construit. Les missionnaires envoyèrent au général Galliéni une copie de cette lettre et lui demandèrent s'ils devaient se considérer comme devant correspondre avec la reine, Madagascar étant une colonie française. Le général Galliéni répondit en déclarant que la lettre avait été écrite par son ordre et en la contresignant.

Informée de ces faits, la Société des Missions de Londres adressa, en son nom personnel et au nom de l'Association missionnaire des Amis, la lettre suivante au ministre des Colonies.

Londres, 24 décembre 1896.

A Son Excellence Monsieur le Ministre des Colonies, à Paris.

Monsieur le Ministre,

Les directeurs de la Société des Missions de Londres prennent la liberté de s'adresser respectueusement à Votre Excellence, au sujet d'une affaire de la plus haute importance et qui concerne l'œuvre philanthropique missionnaire qu'ils poursuivent à Madagascar.

Le dernier courrier a apporté à la Société la nouvelle que le général Galliéni, représentant officiel du gouvernement français à Madagascar, venait, au nom de la reine des Hovas, de réclamer la possession de l'hôpital de la mission médicale d'Anjanahary, et fait savoir à ceux qui en sont responsables qu'ils avaient à céder sans délai cet établissement.

La direction de l'hôpital missionnaire appartient en premier lieu à l'Association des Amis pour les missions étrangères, et les bâtiments ont été élevés au moyen de dons faits par des chrétiens anglais, en réponse aux appels de cette Association. La Société des Missions de Londres est étroitement unie dans ce travail avec l'Association des Amis. Le terrain sur lequel l'hôpital a été construit a été donné par la reine de Madagascar aux deux Sociétés réunies, en échange de l'emplacement de l'ancien hôpital d'Analakely. La Société des Missions de Londres contribue pour la somme de 500 livres par an aux dépenses de cet hôpital, et les membres du corps missionnaire à Tananarive représentent la Société dans le comité de la mission médicale chargé de la direction de l'hôpital. En conséquence, tout ce qui concerne ledit établissement (soit bien, soit mal) touche de très près la Société des Missions de Londres.

De plus, les directeurs occupent d'autres portions de terrain à Tananarive et ailleurs, par exemple l'emplacement des églises, celui de leur collège, de l'école normale, de leur imprimerie et de quelques-unes de leurs maisons missionnaires. Ces lots de terrain leur appartiennent à peu près aux mêmes titres que celui sur lequel est construit l'hôpital.

Par conséquent, ils ne sauraient, sans protester, voir s'élever des doutes sur leurs droits à la possession de ces divers terrains, dont la conservation est de première importance pour la poursuite de leur œuvre.

Les directeurs de la Société sont convaincus que l'acte du Résident général n'est que la conséquence d'une méprise, et ils osent demander à votre gouvernement de bien vouloir se rendre compte de la façon dont le terrain a été accordé par le gouvernement malgache.

1° Le terrain sur lequel est construit l'hôpital d'Anjanahary a été donné par la reine de Madagascar aux directeurs de la Société des Missions de Londres et à l'Association des Amis des missions étrangères par un acte daté du 14 février 1889: Cet acte, dont j'ai l'honneur de vous envoyer une copie (1), reconnaît clairement le droit suprême de la reine de Madagascar à la propriété de ce terrain, comme aussi celui qu'elle a de le reprendre sans aucune compensation pour les bâtiments élevés sur cet emplacement.

Ces droits sont spécifiés dans la troisième clause du contrat, aux termes de laquelle ils pourront s'exercer « lorsque la Société des Missions de Londres et l'Association des Amis des missions étrangères auront renoncé à poursuivre leur œuvre dans ce pays. »

Rien, dans cet acte, n'indique que la reine se réserve le droit de mettre fin, en un temps quelconque, à l'œuvre médicale des deux Sociétés. C'est pourquoi leurs directeurs ont toujours considéré cet acte comme une autorisation à rester possesseurs de ce terrain aussi longtemps qu'ils auraient l'intention et le pouvoir de continuer leur tâche.

2° Cette manière d'envisager l'acte en question découle tout naturellement de l'examen des circonstances dans lesquelles la donation de l'emplacement a été faite à la mission médicale en 1889.

---

(1) Voir les pièces jointes à ce mémoire, n° 2.

Antérieurement déjà, il y avait eu un hôpital à Analakely, sur un terrain offert gratuitement à la mission par le roi Radama II, en 1862 (1).

Une lettre du roi au Rev. William Ellis — dont je vous envoie également une traduction — disait : « Ils peuvent y demeurer aussi longtemps qu'ils en auront l'intention; aucun autre missionnaire ni aucune personne étrangère à la Société des Missions de Londres ne peut les en faire partir. » Ce document a toujours paru aux directeurs un titre incontestable à la paisible occupation de ce terrain, pour la poursuite de l'œuvre en faveur de laquelle il leur avait été accordé.

Et si, plus tard, la reine Ranavalona II le leur a réclamé, ce n'est pas qu'elle ait eu l'intention d'en déposséder la Société, puisqu'elle lui a offert en échange un lot de terre à Anjanahary.

Les directeurs prient Votre Excellence de bien vouloir considérer ces faits comme un argument *prima facie* en faveur du droit qu'ils réclament à occuper le terrain sur lequel est construit le bâtiment de l'hôpital d'Anjanahary, l'acte par lequel il leur a été cédé ne pouvant être amoindri ou annulé sous aucun prétexte, excepté dans le cas de renoncement volontaire de leur part à l'œuvre de la mission médicale.

Vous voudrez bien reconnaître aussi que la demande qui leur a été faite d'abandonner la direction de l'hôpital n'est aucunement justifiée par les actes ci-dessus.

Les deux Sociétés savent parfaitement qu'elles ne pourraient disposer de ce terrain une fois qu'elles mettraient fin elles-mêmes à leur mission médicale; mais, pour le moment, elles désirent vivement pouvoir continuer une œuvre pour laquelle elles ont déjà fait de grands sacrifices et qu'elles regardent d'une grande utilité pour le bien physique et moral des habitants.

Les Sociétés prient, en outre, instamment Votre Excellence de bien vouloir maintenir le *statu quo*, en renouvelant l'acte donné par la reine de Madagascar, ou obtenir du gouvernement un autre acte fait pour un certain nombre d'années — pour cinquante ans, par exemple — et qui serait renouvelé au bout de ce temps si le gouvernement y consentait et que la mission médicale en fît la demande.

J'ai l'honneur, etc...

R. Wardlaw THOMPSON,
Secrétaire de la Société des Missions de Londres.

N° 1. — *Première concession d'un terrain pour l'hôpital, faite par le Roi Radama II à la Société des Missions de Londres.*

Ambodinandohalo, 9 décembre 1862.

Au Révérend W. Ellis.

Monsieur,

Suivant la requête que vous m'avez adressée par votre lettre du 3 décembre 1862, je donne à tous les missionnaires de la Société des Missions de Londres les terrains et les maisons présentement occupés par eux, pour en faire des maisons d'habitation, des

---

(1) Voir les pièces jointes à ce mémoire, n°ˢ 1 et 3.

écoles, des imprimeries et des hôpitaux à Ambohimandohalo, Marivolanitra, Amparibe, Ambohimitsimbina et dans ses environs, et à Analakely, pour devenir leur terrain et celui de leurs successeurs, suivant les lois de Madagascar. Et s'ils désirent rester là où ils sont pour faire l'œuvre qu'ils ont entreprise, on ne pourra les en faire partir pour y mettre d'autres missionnaires ou d'autres personnes non attachées à la Société des Missions de Londres.

Votre fidèle ami,
RADAMA II,
Roi de Madagascar.

RAINIKETAKA,
Ministre de la Justice.

N° 2. — *Concession du terrain occupé actuellement par l'hôpital missionnaire de Tananarive, accordé en remplacement du terrain concédé par Radama II.*

Tananarive, 14 février 1889.

Terrain appartenant à la reine de Madagascar, à l'est de Anjanahary, au sud de Antanambao, long de 125 refy, large de 80 refy (Ametrahany), où sont établies les Sociétés des Missions de Londres et des Amis, afin de bâtir un hôpital pour les Malgaches. Rien ne peut être fait sur ce terrain, si ce n'est ce qui se rapporte à l'œuvre hospitalière et médicale.

La L. M. S. et la F. F. M. A. prennent sous leur responsabilité toutes les dépenses afférentes à cette œuvre, mais le terrain et tout ce que l'on en fera ne pourra jamais être réclamé comme une propriété de ces Sociétés; elles n'auront nul droit à une compensation, car ce terrain appartient à la reine de Madagascar.

Quand la L. M. S. et la F. F. M. A. cesseront de poursuivre l'œuvre sur ce terrain, tout ce qu'ils auront fait restera la propriété de la reine de Madagascar.

Et la Reine de Madagascar pourra faire ce qu'elle voudra de la maison et du terrain.

Signé : Wm JOHNSTON,
Secrétaire de la Mission médicale.
15 février 1889.

J. C. THORNE, *L. M. S.*
H. F. STANDING, *F. F. M. A.*
RAMAROSAONA.

Cet acte a été enregistré et déposé au Ministère des Affaires étrangères à Madagascar.

TSIAZOMPANIRY.

(Sceau officiel.)
ANDRIAMIFEDY.

N° 3. — *Acte par lequel la Société des Missions de Londres rend le terrain concédé par Radama II, au moment où elle reçoit la nouvelle concession.*

Tananarive, 14 février 1889.

La Société des Missions de Londres rend la terre et la maison sis à Analakely, où elle était logée, et ne peut prétendre à aucune indemnité pour les bâtiments qu'elle a construits ou les sommes qu'elle a dépensées, ni à aucune compensation ; mais le tout reste la propriété de la Reine de Madagascar.

Signé : JAMES TAYLOR,

Président, *I. D. C.*

J. C. THORNE,

Secrétaire, *I. D. C. de la L. M. S.*

RAMARASAONA,

Mp RAHAHAHA, etc.

Le présent acte a été enregistré et déposé au Ministère des affaires extérieures.
TSIAZOMPANIRY.

ANDRIAMIFIDY.

(Sceau officiel.)

Les documents que l'on vient de lire et le mémoire qui les précède indiquent à quel point de vue les Sociétés intéressées se sont placées pour défendre ce qu'elles considèrent comme leur droit à demeurer en possession de l'hôpital, sans d'ailleurs en revendiquer la propriété à titre définitif. Pour faire ressortir encore plus clairement le caractère d'utilité publique de cet établissement, — où, dès la première heure, les blessés et les malades français avaient été reçus, — elles offrirent de céder à l'autorité militaire la jouissance de dix lits gratuits. Ces propositions semblaient devoir être favorablement accueillies par notre gouvernement. Mais, avant que celui-ci eût été en mesure de communiquer avec l'administration locale, on apprenait que l'hôpital avait été occupé par l'autorité militaire par voie de réquisition.

Dans l'état de siège, la réquisition militaire est de plein droit ; aussi, les missionnaires se soumirent-ils sans hésiter. Mais lorsque, quelques jours après, le 8 décembre, la commission instituée par le décret de réquisition, pour statuer sur les indemnités, présenta ses conclusions, ils apprirent qu'en dehors des compensations accordées pour le matériel médical et le mobilier, ils n'avaient droit à rien, l'immeuble étant la propriété du gouvernement (1).

Les missionnaires se sont réservé de soumettre leurs réclamations à qui de droit.

II. — Les temples.

On a vu plus haut les procédés mis en œuvre par les Jésuites pour déterminer dans les populations, troublées par le mensonge et épouvantées par les menaces, un mouvement dans le sens du catholicisme. A ce mouvement a correspondu la prise de possession d'un certain nombre de temples par les prêtres jésuites. Le général Galliéni

---

(1) Dans une de ses dernière lettres, le correspondant du *Temps* (n° du 1er février) s'exprime ainsi : « Bien que les Anglais n'aient aucun titre légal sur cette propriété, ils protestent contre la décision du général Galliéni ; cette réclamation, si elle était admise, aurait les plus graves conséquences, car nos adversaires ont entre les mains des titres analogues et aussi nuls, qui les rendraient propriétaires des quatre cinquièmes de l'île de Madagascar ! »

Il y a, dans cette note, une confusion voulue et malveillante entre les colons, détenteurs de titres de concessions territoriales considérables, et les missions, qui n'occupent d'autres terrains que ceux où sont élevés leurs édifices religieux ou hospitaliers. Il ne saurait y avoir aucune analogie entre les premières, que le gouvernement se préoccupe à bon droit de régulariser, et celle en vertu de laquelle les missions chrétiennes se croient en droit de n'être pas dépossédées d'un immeuble élevé à grands frais par la charité privée, et dont l'unique objet est une œuvre de bienfaisance.

a ordonné la restitution de ces édifices à leurs légitimes propriétaires. Mais, dans une phase plus récente, il a été question de fixer la jurisprudence relative aux temples, en déclarant ces édifices propriétés communales.

La Société des Missions a appelé l'attention du gouvernement sur ce qu'a d'incorrect cette théorie. Voici ce qu'elle écrivait, le 9 janvier, au ministre des colonies, au sujet des édifices religieux :

« ... Nous devons toutefois, Monsieur le Ministre, attirer encore une fois votre attention sur les conditions où s'exerce actuellement la liberté religieuse à Madagascar.

« Au mépris des déclarations solennelles de tous les représentants de notre pays, la mission jésuite affiche hautement la prétention d'identifier à Madagascar la France et le catholicisme, et répand partout le bruit que les protestants seront traités en rebelles et que le seul moyen d'obtenir les faveurs de la France est d'embrasser la religion catholique.

« Dans ces conditions, il n'est pas douteux que l'évacuation de l'hôpital par la mission protestante sera représentée comme une défaite du protestantisme, dépouillé d'un établissement philanthropique auquel il devait une légitime influence. Et si la messe venait à être célébrée dans cet établissement, il ne serait que trop facile aux Pères Jésuites d'interpréter l'action du gouvernement comme s'étant exercée au profit de la minorité religieuse.

« C'est cette même prétention qui donne une gravité toute particulière aux accaparements de temples dont nous vous avons déjà entretenu, mais qu'une décision récente de l'autorité locale risque de rendre à la fois plus fréquents et plus faciles, par l'apparence de légalité qui va s'y rattacher désormais.

« Cette décision, déclarant les temples protestants propriété communale, est en contradiction absolue avec les faits. Les temples protestants, Monsieur le Ministre, ont été élevés pour le culte protestant, au moyen de souscriptions individuelles protestantes : les assimiler aux biens communaux, faire dépendre leur affectation d'une décision des chefs de la commune, c'est méconnaître gravement le droit ; c'est ouvrir la porte aux pires abus.

« Le *fokolona*, ou la commune, c'est-à-dire l'ensemble d'un village, est pratiquement représenté et dirigé par deux ou trois individus, gouverneur et sous-gouverneurs de village. Le régime militaire met ces personnages entre les mains d'un chef de poste. Il suffirait donc de la pression exercée par un officier subalterne, lui-même influencé par le prêtre, pour priver le troupeau protestant du temple qui lui appartient en droit et qu'il a payé de ses deniers... »

C'est en réponse à cette lettre que le Ministre des colonies a adressé à la Société des Missions les déclarations rassurantes qu'on a pu lire à la page 28 de ce recueil, et que nous aimons à citer une seconde fois en entier :

Paris, le 23 janvier 1897.

A Monsieur le Président de la Société des Missions évangéliques.

Monsieur le Président,

Vous avez bien voulu me faire part des inquiétudes que vous ressentiez relativement à la liberté religieuse à Madagascar.

J'ai l'honneur de vous faire savoir que le Gouvernement ne saurait se départir du principe de liberté de conscience à Madagascar, aussi bien que dans toutes autres colonies. J'ai eu soin, dès le courrier du 10 janvier courant, de faire parvenir des instructions en ce sens au Résident général; je l'ai notamment prié de n'autoriser en aucun cas le changement d'affectation des édifices religieux.

Je vous serai reconnaissant de vouloir bien, de votre côté, recommander à vos missionnaires de Madagascar d'apporter toujours dans l'exercice de leur ministère l'esprit de modération qu'il convient de montrer dans un pays où notre domination ne pourra s'affirmer que par l'union de tous les Français, à quelque confession qu'ils appartiennent.

Agréez, Monsieur le Président, les assurances de ma considération très distinguée.

Le Ministre des Colonies,
ANDRÉ LEBON.

TABLE DES MATIÈRES

Paris. — Imp. de Ch. Noblet, 13, rue Cujas.